Dziennik projektu szycia

NAZWA

ADRES

ADRES EMAIL

STRONA

TELEFON   FAX

OSOBA KONTAKTOWA W NAGŁYCH WYPADKACH

TELEFON   FAX

Zeszyt do szycia do śledzenia projektów szycia - idealny prezent dla miłośników szycia

Dziennik projektu szycia 

SZCZEGÓŁY

PROJEKT ....

STWORZONE DLA ....

DATA STARTU .... **DATA ZAKOŃCZENIA** ....

PUNKT .... **ILOŚĆ** ....

CENA .... **WPŁATA DEPOZYTU** .... **SALDO ZAPŁACONE** ....

UZASADNIENIE ....

POTRZEBNE MATERIAŁY ....

SZKIC / FOTO

UWAGI DODATKOWE

....

....

....

....

....

....

....

Zeszyt do szycia do śledzenia projektów szycia - idealny prezent dla miłośników szycia

Zeszyt do szycia do śledzenia projektów szycia - idealny prezent dla miłośników szycia

SZCZEGÓŁY

PROJEKT ....

STWORZONE DLA ....

DATA STARTU ....   DATA ZAKOŃCZENIA ....

PUNKT ....   ILOŚĆ ....

CENA ....   WPŁATA DEPOZYTU ....   SALDO ZAPŁACONE ....

UZASADNIENIE ....

POTRZEBNE MATERIAŁY ....

SZKIC / FOTO

UWAGI DODATKOWE

....
....
....
....
....
....
....
....

Dziennik projektu szycia 

Dziennik projektu szycia 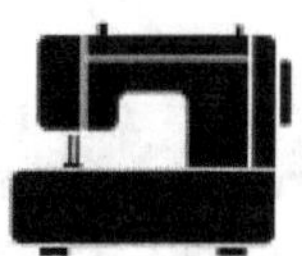

PROJEKT ....

STWORZONE DLA ....

DATA STARTU .... DATA ZAKOŃCZENIA ....

PUNKT .... ILOŚĆ ....

CENA .... WPŁATA DEPOZYTU .... SALDO ZAPŁACONE ....

UZASADNIENIE ....

POTRZEBNE MATERIAŁY ....

....
....
....
....
....
....
....
....

Zeszyt do szycia do śledzenia projektów szycia - idealny prezent dla miłośników szycia

Zeszyt do szycia do śledzenia projektów szycia - idealny prezent dla miłośników szycia

SZCZEGÓŁY

PROJEKT ....

STWORZONE DLA ....

DATA STARTU .... DATA ZAKOŃCZENIA ....

PUNKT .... ILOŚĆ ....

CENA .... WPŁATA DEPOZYTU .... SALDO ZAPŁACONE ....

UZASADNIENIE ....

POTRZEBNE MATERIAŁY ....

SZKIC / FOTO

UWAGI DODATKOWE

Dziennik projektu szycia 

Dziennik projektu szycia 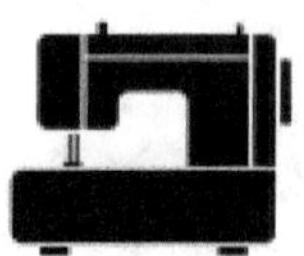

SZCZEGÓŁY

PROJEKT ....

STWORZONE DLA ....

DATA STARTU .... DATA ZAKOŃCZENIA ....

PUNKT .... ILOŚĆ ....

CENA .... WPŁATA DEPOZYTU .... SALDO ZAPŁACONE ....

UZASADNIENIE ....

POTRZEBNE
MATERIAŁY ....

SZKIC / FOTO

UWAGI DODATKOWE

Zeszyt do szycia do śledzenia projektów szycia - idealny prezent
dla miłośników szycia

Zeszyt do szycia do śledzenia projektów szycia - idealny prezent dla miłośników szycia

SZCZEGÓŁY

PROJEKT ....

STWORZONE DLA ....

DATA STARTU .... **DATA ZAKOŃCZENIA** ....

PUNKT .... **ILOŚĆ** ....

CENA .... **WPŁATA DEPOZYTU** .... **SALDO ZAPŁACONE** ....

UZASADNIENIE ....

POTRZEBNE MATERIAŁY ....

SZKIC / FOTO

UWAGI DODATKOWE

Dziennik projektu szycia

Dziennik projektu szycia 

SZCZEGÓŁY

PROJEKT ....

STWORZONE DLA ....

DATA STARTU .... DATA ZAKOŃCZENIA ....

PUNKT.. ILOŚĆ ....

CENA .... WPŁATA DEPOZYTU .... SALDO ZAPŁACONE ....

UZASADNIENIE ....

POTRZEBNE MATERIAŁY ....

SZKIC / FOTO

UWAGI DODATKOWE

....
....
....
....
....
....
....
....

Zeszyt do szycia do śledzenia projektów szycia - idealny prezent dla miłośników szycia

Zeszyt do szycia do śledzenia projektów szycia - idealny prezent dla miłośników szycia

SZCZEGÓŁY

PROJEKT ....

STWORZONE DLA ....

DATA STARTU .... DATA ZAKOŃCZENIA ....

PUNKT .... ILOŚĆ ....

CENA .... WPŁATA DEPOZYTU .... SALDO ZAPŁACONE ....

UZASADNIENIE ....

POTRZEBNE MATERIAŁY ....

SZKIC / FOTO

UWAGI DODATKOWE

....
....
....
....
....
....
....
....

Dziennik projektu szycia 

Dziennik projektu szycia 

SZCZEGÓŁY

PROJEKT ....

STWORZONE DLA ....

DATA STARTU .... DATA ZAKOŃCZENIA ....

PUNKT .... ILOŚĆ ....

CENA .... WPŁATA DEPOZYTU .... SALDO ZAPŁACONE ....

UZASADNIENIE ....

POTRZEBNE MATERIAŁY ....

SZKIC / FOTO

UWAGI DODATKOWE

Zeszyt do szycia do śledzenia projektów szycia - idealny prezent dla miłośników szycia

Zeszyt do szycia do śledzenia projektów szycia - idealny prezent
dla miłośników szycia

SZCZEGÓŁY

PROJEKT ....

STWORZONE DLA ....

DATA STARTU .... DATA ZAKOŃCZENIA ....

PUNKT .... ILOŚĆ ....

CENA .... WPŁATA DEPOZYTU .... SALDO ZAPŁACONE ....

UZASADNIENIE ....

POTRZEBNE MATERIAŁY ....

SZKIC / FOTO

UWAGI DODATKOWE

....
....
....
....
....
....
....
....

Dziennik projektu szycia 

Dziennik projektu szycia 

SZCZEGÓŁY

PROJEKT ....

STWORZONE DLA ....

DATA STARTU .... DATA ZAKOŃCZENIA ....

PUNKT................................... ILOŚĆ ....

CENA .... WPŁATA DEPOZYTU .... SALDO ZAPŁACONE ....

UZASADNIENIE ....

POTRZEBNE MATERIAŁY ....

SZKIC / FOTO

UWAGI DODATKOWE

Zeszyt do szycia do śledzenia projektów szycia - idealny prezent dla miłośników szycia

Zeszyt do szycia do śledzenia projektów szycia - idealny prezent
dla miłośników szycia

SZCZEGÓŁY

PROJEKT ....

STWORZONE DLA ....

DATA STARTU .... **DATA ZAKOŃCZENIA** ....

PUNKT .... **ILOŚĆ** ....

CENA .... **WPŁATA DEPOZYTU** .... **SALDO ZAPŁACONE** ....

UZASADNIENIE ....

POTRZEBNE MATERIAŁY ....

SZKIC / FOTO

UWAGI DODATKOWE

Dziennik projektu szycia

Dziennik projektu szycia 

SZCZEGÓŁY

PROJEKT ....

STWORZONE DLA ....

DATA STARTU .... **DATA ZAKOŃCZENIA** ....

PUNKT .... **ILOŚĆ** ....

CENA .... **WPŁATA DEPOZYTU** .... **SALDO ZAPŁACONE** ....

UZASADNIENIE ....

POTRZEBNE MATERIAŁY ....

SZKIC / FOTO

UWAGI DODATKOWE

Zeszyt do szycia do śledzenia projektów szycia - idealny prezent dla miłośników szycia

Zeszyt do szycia do śledzenia projektów szycia - idealny prezent dla miłośników szycia

SZCZEGÓŁY

PROJEKT ....

STWORZONE DLA ....

DATA STARTU .... DATA ZAKOŃCZENIA ....

PUNKT .... ILOŚĆ ....

CENA .... WPŁATA DEPOZYTU .... SALDO ZAPŁACONE ....

UZASADNIENIE ....

POTRZEBNE MATERIAŁY ....

SZKIC / FOTO

UWAGI DODATKOWE

....
....
....
....
....
....
....
....

Dziennik projektu szycia 

Dziennik projektu szycia 

SZCZEGÓŁY

PROJEKT ....

STWORZONE DLA ....

DATA STARTU .... DATA ZAKOŃCZENIA ....

PUNKT .... ILOŚĆ ....

CENA .... WPŁATA DEPOZYTU .... SALDO ZAPŁACONE ....

UZASADNIENIE ....

POTRZEBNE MATERIAŁY ....

SZKIC / FOTO

UWAGI DODATKOWE

....
....
....
....
....
....
....
....

Zeszyt do szycia do śledzenia projektów szycia - idealny prezent dla miłośników szycia

Zeszyt do szycia do śledzenia projektów szycia - idealny prezent dla miłośników szycia

SZCZEGÓŁY

PROJEKT ....

STWORZONE DLA ....

DATA STARTU .... DATA ZAKOŃCZENIA ....

PUNKT .... ILOŚĆ ....

CENA .... WPŁATA DEPOZYTU .... SALDO ZAPŁACONE ....

UZASADNIENIE ....

POTRZEBNE MATERIAŁY ....

SZKIC / FOTO

UWAGI DODATKOWE

....
....
....
....
....
....
....
....

Dziennik projektu szycia 

Dziennik projektu szycia 

SZCZEGÓŁY

PROJEKT ....

STWORZONE DLA ....

DATA STARTU .... DATA ZAKOŃCZENIA ....

PUNKT.. ILOŚĆ ....

CENA .... WPŁATA DEPOZYTU .... SALDO ZAPŁACONE ....

UZASADNIENIE ....

POTRZEBNE MATERIAŁY ....

SZKIC / FOTO

UWAGI DODATKOWE

Zeszyt do szycia do śledzenia projektów szycia - idealny prezent dla miłośników szycia

Zeszyt do szycia do śledzenia projektów szycia - idealny prezent
dla miłośników szycia

SZCZEGÓŁY

PROJEKT ....

STWORZONE DLA ....

DATA STARTU .... **DATA ZAKOŃCZENIA** ....

PUNKT .... **ILOŚĆ** ....

CENA .... **WPŁATA DEPOZYTU** .... **SALDO ZAPŁACONE** ....

UZASADNIENIE ....

POTRZEBNE MATERIAŁY ....

SZKIC / FOTO

UWAGI DODATKOWE

....
....
....
....
....
....
....
....

Dziennik projektu szycia 

Dziennik projektu szycia 

SZCZEGÓŁY

PROJEKT ....

STWORZONE DLA ....

DATA STARTU .... DATA ZAKOŃCZENIA ....

PUNKT .... ILOŚĆ ....

CENA .... WPŁATA DEPOZYTU .... SALDO ZAPŁACONE ....

UZASADNIENIE ....

POTRZEBNE MATERIAŁY ....

SZKIC / FOTO

UWAGI DODATKOWE

....
....
....
....
....
....
....

Zeszyt do szycia do śledzenia projektów szycia - idealny prezent dla miłośników szycia

Zeszyt do szycia do śledzenia projektów szycia - idealny prezent
dla miłośników szycia

SZCZEGÓŁY

PROJEKT ....

STWORZONE DLA ....

DATA STARTU .... DATA ZAKOŃCZENIA ....

PUNKT .... ILOŚĆ ....

CENA .... WPŁATA DEPOZYTU .... SALDO
ZAPŁACONE ....

UZASADNIENIE ....

POTRZEBNE
MATERIAŁY ....

SZKIC / FOTO

UWAGI DODATKOWE

....
....
....
....
....
....
....
....

Dziennik projektu szycia

Dziennik projektu szycia 

PROJEKT ....

STWORZONE DLA ....

DATA STARTU .... **DATA ZAKOŃCZENIA** ....

PUNKT .... **ILOŚĆ** ....

CENA .... **WPŁATA DEPOZYTU** .... **SALDO ZAPŁACONE** ....

UZASADNIENIE ....

POTRZEBNE MATERIAŁY ....

Zeszyt do szycia do śledzenia projektów szycia - idealny prezent dla miłośników szycia

Zeszyt do szycia do śledzenia projektów szycia - idealny prezent
dla miłośników szycia

SZCZEGÓŁY

PROJEKT ....

STWORZONE DLA ....

DATA STARTU .... DATA ZAKOŃCZENIA ....

PUNKT .... ILOŚĆ ....

CENA .... WPŁATA DEPOZYTU .... SALDO
ZAPŁACONE ....

UZASADNIENIE ....

POTRZEBNE
MATERIAŁY ....

SZKIC / FOTO

UWAGI DODATKOWE

....
....
....
....
....
....
....
....

Dziennik projektu szycia 

Dziennik projektu szycia 

SZCZEGÓŁY

PROJEKT ....

STWORZONE DLA ....

DATA STARTU .... DATA ZAKOŃCZENIA ....

PUNKT .... ILOŚĆ ....

CENA .... WPŁATA DEPOZYTU .... SALDO ZAPŁACONE ....

UZASADNIENIE ....

POTRZEBNE MATERIAŁY ....

SZKIC / FOTO

UWAGI DODATKOWE

....
....
....
....
....
....
....

Zeszyt do szycia do śledzenia projektów szycia - idealny prezent dla miłośników szycia

Zeszyt do szycia do śledzenia projektów szycia - idealny prezent dla miłośników szycia

SZCZEGÓŁY

PROJEKT ....

STWORZONE DLA ....

DATA STARTU .... DATA ZAKOŃCZENIA ....

PUNKT .... ILOŚĆ ....

CENA .... WPŁATA DEPOZYTU .... SALDO ZAPŁACONE ....

UZASADNIENIE ....

POTRZEBNE MATERIAŁY ....

SZKIC / FOTO

UWAGI DODATKOWE

Dziennik projektu szycia 

Dziennik projektu szycia 

PROJEKT ....

STWORZONE DLA ....

DATA STARTU .... DATA ZAKOŃCZENIA ....

PUNKT .... ILOŚĆ ....

CENA .... WPŁATA DEPOZYTU .... SALDO ZAPŁACONE ....

UZASADNIENIE ....

POTRZEBNE MATERIAŁY ....

Zeszyt do szycia do śledzenia projektów szycia - idealny prezent dla miłośników szycia

Zeszyt do szycia do śledzenia projektów szycia - idealny prezent
dla miłośników szycia

SZCZEGÓŁY

PROJEKT ....

STWORZONE DLA ....

DATA STARTU .... DATA ZAKOŃCZENIA ....

PUNKT .... ILOŚĆ ....

CENA .... WPŁATA DEPOZYTU .... SALDO ZAPŁACONE ....

UZASADNIENIE ....

POTRZEBNE MATERIAŁY ....

SZKIC / FOTO

UWAGI DODATKOWE

Dziennik projektu szycia

Dziennik projektu szycia 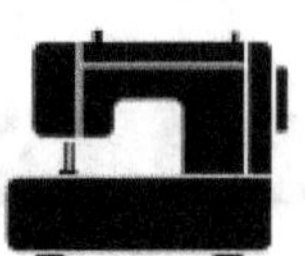

SZCZEGÓŁY

PROJEKT ....

STWORZONE DLA ....

DATA STARTU .... DATA ZAKOŃCZENIA ....

PUNKT .... ILOŚĆ ....

CENA .... WPŁATA DEPOZYTU .... SALDO ZAPŁACONE ....

UZASADNIENIE ....

POTRZEBNE MATERIAŁY ....

SZKIC / FOTO

UWAGI DODATKOWE

....
....
....
....
....
....
....

Zeszyt do szycia do śledzenia projektów szycia - idealny prezent dla miłośników szycia

Zeszyt do szycia do śledzenia projektów szycia - idealny prezent
dla miłośników szycia

SZCZEGÓŁY

PROJEKT ....

STWORZONE DLA ....

DATA STARTU .... DATA ZAKOŃCZENIA ....

PUNKT .... ILOŚĆ ....

CENA .... WPŁATA DEPOZYTU .... SALDO ZAPŁACONE ....

UZASADNIENIE ....

POTRZEBNE MATERIAŁY ....

SZKIC / FOTO

UWAGI DODATKOWE

....
....
....
....
....
....
....
....

Dziennik projektu szycia 

Dziennik projektu szycia 

PROJEKT ....

STWORZONE DLA ....

DATA STARTU .... DATA ZAKOŃCZENIA ....

PUNKT .... ILOŚĆ ....

CENA .... WPŁATA DEPOZYTU .... SALDO ZAPŁACONE ....

UZASADNIENIE ....

POTRZEBNE MATERIAŁY ....

....
....
....
....
....
....
....
....

Zeszyt do szycia do śledzenia projektów szycia - idealny prezent dla miłośników szycia

Zeszyt do szycia do śledzenia projektów szycia - idealny prezent
dla miłośników szycia

SZCZEGÓŁY

PROJEKT ....

STWORZONE DLA ....

DATA STARTU .... DATA ZAKOŃCZENIA ....

PUNKT .... ILOŚĆ ....

CENA .... WPŁATA DEPOZYTU .... SALDO ZAPŁACONE ....

UZASADNIENIE ....

POTRZEBNE MATERIAŁY ....

SZKIC / FOTO

UWAGI DODATKOWE

....
....
....
....
....
....
....
....

Dziennik projektu szycia 

Dziennik projektu szycia 

PROJEKT ....

STWORZONE DLA ....

DATA STARTU .... DATA ZAKOŃCZENIA ....

PUNKT... ILOŚĆ ....

CENA .... WPŁATA DEPOZYTU .... SALDO ZAPŁACONE ....

UZASADNIENIE ....

POTRZEBNE MATERIAŁY ....

....
....
....
....
....
....
....
....

Zeszyt do szycia do śledzenia projektów szycia - idealny prezent dla miłośników szycia

Zeszyt do szycia do śledzenia projektów szycia - idealny prezent dla miłośników szycia

SZCZEGÓŁY

PROJEKT ....

STWORZONE DLA ....

DATA STARTU .... DATA ZAKOŃCZENIA ....

PUNKT .... ILOŚĆ ....

CENA .... WPŁATA DEPOZYTU .... SALDO ZAPŁACONE ....

UZASADNIENIE ....

POTRZEBNE MATERIAŁY ....

SZKIC / FOTO

UWAGI DODATKOWE

Dziennik projektu szycia

Dziennik projektu szycia 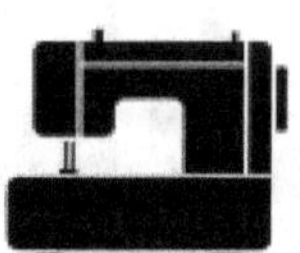

SZCZEGÓŁY

PROJEKT ....

STWORZONE DLA ....

DATA STARTU .... DATA ZAKOŃCZENIA ....

PUNKT .... ILOŚĆ ....

CENA .... WPŁATA DEPOZYTU .... SALDO ZAPŁACONE ....

UZASADNIENIE ....

POTRZEBNE MATERIAŁY ....

SZKIC / FOTO

UWAGI DODATKOWE

....
....
....
....
....
....
....
....

Zeszyt do szycia do śledzenia projektów szycia - idealny prezent dla miłośników szycia

Zeszyt do szycia do śledzenia projektów szycia - idealny prezent
dla miłośników szycia

SZCZEGÓŁY

PROJEKT ....

STWORZONE DLA ....

DATA STARTU .... **DATA ZAKOŃCZENIA** ....

PUNKT .... **ILOŚĆ** ....

CENA .... **WPŁATA DEPOZYTU** .... **SALDO
ZAPŁACONE** ....

UZASADNIENIE ....

**POTRZEBNE
MATERIAŁY** ....

SZKIC / FOTO

UWAGI DODATKOWE

....
....
....
....
....
....
....
....

Dziennik projektu szycia 

Dziennik projektu szycia 

SZCZEGÓŁY

PROJEKT ....

STWORZONE DLA ....

DATA STARTU .... DATA ZAKOŃCZENIA ....

PUNKT .... ILOŚĆ ....

CENA .... WPŁATA DEPOZYTU .... SALDO ZAPŁACONE ....

UZASADNIENIE ....

POTRZEBNE MATERIAŁY ....

SZKIC / FOTO

UWAGI DODATKOWE

Zeszyt do szycia do śledzenia projektów szycia - idealny prezent dla miłośników szycia

Zeszyt do szycia do śledzenia projektów szycia - idealny prezent
dla miłośników szycia

SZCZEGÓŁY

PROJEKT

STWORZONE DLA

DATA STARTU   **DATA ZAKOŃCZENIA**

PUNKT   **ILOŚĆ**

CENA   **WPŁATA DEPOZYTU**   **SALDO ZAPŁACONE**

UZASADNIENIE

POTRZEBNE MATERIAŁY

SZKIC / FOTO

UWAGI DODATKOWE

Dziennik projektu szycia 

Dziennik projektu szycia 

PROJEKT ....

STWORZONE DLA ....

DATA STARTU .... DATA ZAKOŃCZENIA ....

PUNKT .... ILOŚĆ ....

CENA .... WPŁATA DEPOZYTU .... SALDO ZAPŁACONE ....

UZASADNIENIE ....

POTRZEBNE MATERIAŁY ....

Zeszyt do szycia do śledzenia projektów szycia - idealny prezent dla miłośników szycia

Zeszyt do szycia do śledzenia projektów szycia - idealny prezent dla miłośników szycia

SZCZEGÓŁY

PROJEKT ....

STWORZONE DLA ....

DATA STARTU .... DATA ZAKOŃCZENIA ....

PUNKT .... ILOŚĆ ....

CENA .... WPŁATA DEPOZYTU .... SALDO ZAPŁACONE ....

UZASADNIENIE ....

POTRZEBNE MATERIAŁY ....

SZKIC / FOTO

UWAGI DODATKOWE

....
....
....
....
....
....
....
....

Dziennik projektu szycia
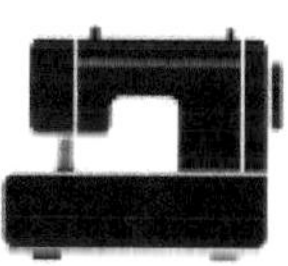

Dziennik projektu szycia 

SZCZEGÓŁY

PROJEKT ....

STWORZONE DLA ....

DATA STARTU .... **DATA ZAKOŃCZENIA** ....

PUNKT .... **ILOŚĆ** ....

CENA .... **WPŁATA DEPOZYTU** .... **SALDO ZAPŁACONE** ....

UZASADNIENIE ....

POTRZEBNE MATERIAŁY ....

SZKIC / FOTO

UWAGI DODATKOWE

....
....
....
....
....
....
....
....

Zeszyt do szycia do śledzenia projektów szycia - idealny prezent dla miłośników szycia

Zeszyt do szycia do śledzenia projektów szycia - idealny prezent
dla miłośników szycia

SZCZEGÓŁY

PROJEKT ....

STWORZONE DLA ....

DATA STARTU .... DATA ZAKOŃCZENIA ....

PUNKT .... ILOŚĆ ....

CENA .... WPŁATA DEPOZYTU .... SALDO
ZAPŁACONE ....

UZASADNIENIE ....

POTRZEBNE
MATERIAŁY ....

SZKIC / FOTO

UWAGI DODATKOWE

....
....
....
....
....
....
....
....

Dziennik projektu szycia 

Dziennik projektu szycia 

SZCZEGÓŁY

PROJEKT ....

STWORZONE DLA ....

DATA STARTU ....   DATA ZAKOŃCZENIA ....

PUNKT ....   ILOŚĆ ....

CENA ....   WPŁATA DEPOZYTU ....   SALDO ZAPŁACONE ....

UZASADNIENIE ....

POTRZEBNE
MATERIAŁY ....

SZKIC / FOTO

UWAGI DODATKOWE

....
....
....
....
....
....
....
....

Zeszyt do szycia do śledzenia projektów szycia - idealny prezent
dla miłośników szycia

Zeszyt do szycia do śledzenia projektów szycia - idealny prezent
dla miłośników szycia

SZCZEGÓŁY

PROJEKT ....

STWORZONE DLA ....

DATA STARTU .... **DATA ZAKOŃCZENIA** ....

PUNKT .... **ILOŚĆ** ....

CENA .... **WPŁATA DEPOZYTU** .... **SALDO ZAPŁACONE** ....

UZASADNIENIE ....

POTRZEBNE MATERIAŁY ....

SZKIC / FOTO

UWAGI DODATKOWE

....
....
....
....
....
....
....
....

Dziennik projektu szycia 

Dziennik projektu szycia 

SZCZEGÓŁY

PROJEKT ....

STWORZONE DLA ....

DATA STARTU .... **DATA ZAKOŃCZENIA** ....

PUNKT .... **ILOŚĆ** ....

CENA .... **WPŁATA DEPOZYTU** .... **SALDO ZAPŁACONE** ....

UZASADNIENIE ....

POTRZEBNE MATERIAŁY ....

SZKIC / FOTO

UWAGI DODATKOWE

....
....
....
....
....
....
....
....

Zeszyt do szycia do śledzenia projektów szycia - idealny prezent dla miłośników szycia

Zeszyt do szycia do śledzenia projektów szycia - idealny prezent dla miłośników szycia

SZCZEGÓŁY

PROJEKT ....

STWORZONE DLA ....

DATA STARTU .... **DATA ZAKOŃCZENIA** ....

PUNKT .... **ILOŚĆ** ....

CENA .... **WPŁATA DEPOZYTU** .... **SALDO ZAPŁACONE** ....

UZASADNIENIE ....

POTRZEBNE MATERIAŁY ....

SZKIC / FOTO

UWAGI DODATKOWE

Dziennik projektu szycia 

Dziennik projektu szycia 

SZCZEGÓŁY

PROJEKT ....

STWORZONE DLA ....

DATA STARTU .... DATA ZAKOŃCZENIA ....

PUNKT .... ILOŚĆ ....

CENA .... WPŁATA DEPOZYTU .... SALDO ZAPŁACONE ....

UZASADNIENIE ....

POTRZEBNE MATERIAŁY ....

SZKIC / FOTO

UWAGI DODATKOWE

....
....
....
....
....
....
....

Zeszyt do szycia do śledzenia projektów szycia - idealny prezent dla miłośników szycia

Zeszyt do szycia do śledzenia projektów szycia - idealny prezent
dla miłośników szycia

SZCZEGÓŁY

PROJEKT ....

STWORZONE DLA ....

DATA STARTU .... **DATA ZAKOŃCZENIA** ....

PUNKT .... **ILOŚĆ** ....

CENA .... **WPŁATA DEPOZYTU** .... **SALDO ZAPŁACONE** ....

UZASADNIENIE ....

POTRZEBNE MATERIAŁY ....

SZKIC / FOTO

UWAGI DODATKOWE

....
....
....
....
....
....
....

Dziennik projektu szycia 

Dziennik projektu szycia 

SZCZEGÓŁY

PROJEKT ....

STWORZONE DLA ....

DATA STARTU .... DATA ZAKOŃCZENIA ....

PUNKT .... ILOŚĆ ....

CENA .... WPŁATA DEPOZYTU .... SALDO ZAPŁACONE ....

UZASADNIENIE ....

POTRZEBNE MATERIAŁY ....

SZKIC / FOTO

UWAGI DODATKOWE

Zeszyt do szycia do śledzenia projektów szycia - idealny prezent dla miłośników szycia

Zeszyt do szycia do śledzenia projektów szycia - idealny prezent dla miłośników szycia

SZCZEGÓŁY

PROJEKT ....

STWORZONE DLA ....

DATA STARTU .... DATA ZAKOŃCZENIA ....

PUNKT .... ILOŚĆ ....

CENA .... WPŁATA DEPOZYTU .... SALDO ZAPŁACONE ....

UZASADNIENIE ....

POTRZEBNE MATERIAŁY ....

SZKIC / FOTO

UWAGI DODATKOWE

Dziennik projektu szycia

Dziennik projektu szycia 

SZCZEGÓŁY

PROJEKT ....

STWORZONE DLA ....

DATA STARTU .... DATA ZAKOŃCZENIA ....

PUNKT .... ILOŚĆ ....

CENA .... WPŁATA DEPOZYTU .... SALDO ZAPŁACONE ....

UZASADNIENIE ....

POTRZEBNE MATERIAŁY ....

SZKIC / FOTO

UWAGI DODATKOWE

....
....
....
....
....
....
....
....

Zeszyt do szycia do śledzenia projektów szycia - idealny prezent
dla miłośników szycia

Zeszyt do szycia do śledzenia projektów szycia - idealny prezent dla miłośników szycia

SZCZEGÓŁY

PROJEKT ....

STWORZONE DLA ....

DATA STARTU .... DATA ZAKOŃCZENIA ....

PUNKT .... ILOŚĆ ....

CENA .... WPŁATA DEPOZYTU .... SALDO ZAPŁACONE ....

UZASADNIENIE ....

POTRZEBNE MATERIAŁY ....

SZKIC / FOTO

UWAGI DODATKOWE

Dziennik projektu szycia

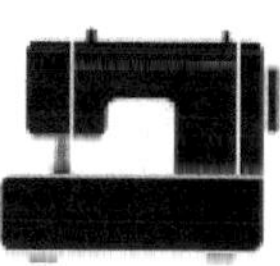

Dziennik projektu szycia 

SZCZEGÓŁY

PROJEKT ....

STWORZONE DLA ....

DATA STARTU .... DATA ZAKOŃCZENIA ....

PUNKT .... ILOŚĆ ....

CENA .... WPŁATA DEPOZYTU .... SALDO ZAPŁACONE ....

UZASADNIENIE ....

POTRZEBNE MATERIAŁY ....

SZKIC / FOTO

UWAGI DODATKOWE

....
....
....
....
....
....
....
....

Zeszyt do szycia do śledzenia projektów szycia - idealny prezent dla miłośników szycia

Zeszyt do szycia do śledzenia projektów szycia - idealny prezent dla miłośników szycia

SZCZEGÓŁY

PROJEKT ....

STWORZONE DLA ....

DATA STARTU .... DATA ZAKOŃCZENIA ....

PUNKT .... ILOŚĆ ....

CENA .... WPŁATA DEPOZYTU .... SALDO ZAPŁACONE ....

UZASADNIENIE ....

POTRZEBNE MATERIAŁY ....

SZKIC / FOTO

UWAGI DODATKOWE

....
....
....
....
....
....
....
....

Dziennik projektu szycia 

Dziennik projektu szycia 

SZCZEGÓŁY

PROJEKT ....

STWORZONE DLA ....

DATA STARTU .... DATA ZAKOŃCZENIA ....

PUNKT .... ILOŚĆ ....

CENA .... WPŁATA DEPOZYTU .... SALDO ZAPŁACONE ....

UZASADNIENIE ....

POTRZEBNE MATERIAŁY ....

SZKIC / FOTO

UWAGI DODATKOWE

Zeszyt do szycia do śledzenia projektów szycia - idealny prezent dla miłośników szycia

Zeszyt do szycia do śledzenia projektów szycia - idealny prezent
dla miłośników szycia

SZCZEGÓŁY

PROJEKT ....

STWORZONE DLA ....

DATA STARTU .... DATA ZAKOŃCZENIA ....

PUNKT .... ILOŚĆ ....

CENA .... WPŁATA DEPOZYTU .... SALDO
                                                                      ZAPŁACONE ....

UZASADNIENIE ....

POTRZEBNE
MATERIAŁY ....

SZKIC / FOTO

UWAGI DODATKOWE

....
....
....
....
....
....
....
....

Dziennik projektu szycia 

Dziennik projektu szycia 

SZCZEGÓŁY

PROJEKT ....

STWORZONE DLA ....

DATA STARTU .... DATA ZAKOŃCZENIA ....

PUNKT .... ILOŚĆ ....

CENA .... WPŁATA DEPOZYTU .... SALDO ZAPŁACONE ....

UZASADNIENIE ....

POTRZEBNE MATERIAŁY ....

SZKIC / FOTO

UWAGI DODATKOWE

Zeszyt do szycia do śledzenia projektów szycia - idealny prezent dla miłośników szycia

Zeszyt do szycia do śledzenia projektów szycia - idealny prezent
dla miłośników szycia

SZCZEGÓŁY

PROJEKT ....

STWORZONE DLA ....

DATA STARTU .... DATA ZAKOŃCZENIA ....

PUNKT .... ILOŚĆ ....

CENA .... WPŁATA DEPOZYTU .... SALDO
ZAPŁACONE ....

UZASADNIENIE ....

POTRZEBNE
MATERIAŁY ....

SZKIC / FOTO

UWAGI DODATKOWE

....
....
....
....
....
....
....
....
....

Dziennik projektu szycia 

Dziennik projektu szycia 

SZCZEGÓŁY

PROJEKT ....

STWORZONE DLA ....

DATA STARTU .... **DATA ZAKOŃCZENIA** ....

PUNKT .... **ILOŚĆ** ....

CENA .... **WPŁATA DEPOZYTU** .... **SALDO ZAPŁACONE** ....

UZASADNIENIE ....

POTRZEBNE MATERIAŁY ....

SZKIC / FOTO

UWAGI DODATKOWE

....
....
....
....
....
....
....

Zeszyt do szycia do śledzenia projektów szycia - idealny prezent dla miłośników szycia

Zeszyt do szycia do śledzenia projektów szycia - idealny prezent
dla miłośników szycia

SZCZEGÓŁY

PROJEKT ....

STWORZONE DLA ....

DATA STARTU .... **DATA ZAKOŃCZENIA** ....

PUNKT .... **ILOŚĆ** ....

CENA .... **WPŁATA DEPOZYTU** .... **SALDO ZAPŁACONE** ....

UZASADNIENIE ....

POTRZEBNE MATERIAŁY ....

SZKIC / FOTO

UWAGI DODATKOWE

Dziennik projektu szycia 

Dziennik projektu szycia 

PROJEKT ....

STWORZONE DLA ....

DATA STARTU .... DATA ZAKOŃCZENIA ....

PUNKT .... ILOŚĆ ....

CENA .... WPŁATA DEPOZYTU .... SALDO ZAPŁACONE ....

UZASADNIENIE ....

POTRZEBNE MATERIAŁY ....

Zeszyt do szycia do śledzenia projektów szycia - idealny prezent dla miłośników szycia

Zeszyt do szycia do śledzenia projektów szycia - idealny prezent
dla miłośników szycia

SZCZEGÓŁY

PROJEKT ....

STWORZONE DLA ....

DATA STARTU .... DATA ZAKOŃCZENIA ....

PUNKT .... ILOŚĆ ....

CENA .... WPŁATA DEPOZYTU .... SALDO ZAPŁACONE ....

UZASADNIENIE ....

POTRZEBNE MATERIAŁY ....

SZKIC / FOTO

UWAGI DODATKOWE

Dziennik projektu szycia

Dziennik projektu szycia 

SZCZEGÓŁY

PROJEKT ....

STWORZONE DLA ....

DATA STARTU .... DATA ZAKOŃCZENIA ....

PUNKT.. ILOŚĆ ....

CENA .... WPŁATA DEPOZYTU .... SALDO ZAPŁACONE ....

UZASADNIENIE ....

POTRZEBNE MATERIAŁY ....

SZKIC / FOTO

UWAGI DODATKOWE

Zeszyt do szycia do śledzenia projektów szycia - idealny prezent
dla miłośników szycia

Zeszyt do szycia do śledzenia projektów szycia - idealny prezent
dla miłośników szycia

SZCZEGÓŁY

PROJEKT ....

STWORZONE DLA ....

DATA STARTU .... DATA ZAKOŃCZENIA ....

PUNKT .... ILOŚĆ ....

CENA .... WPŁATA DEPOZYTU .... SALDO
ZAPŁACONE ....

UZASADNIENIE ....

POTRZEBNE
MATERIAŁY ....

SZKIC / FOTO

UWAGI DODATKOWE

....
....
....
....
....
....
....
....

Dziennik projektu szycia 

Dziennik projektu szycia 

SZCZEGÓŁY

PROJEKT ....

STWORZONE DLA ....

DATA STARTU .... DATA ZAKOŃCZENIA ....

PUNKT .... ILOŚĆ ....

CENA .... WPŁATA DEPOZYTU .... SALDO ZAPŁACONE ....

UZASADNIENIE ....

POTRZEBNE MATERIAŁY ....

SZKIC / FOTO

UWAGI DODATKOWE

Zeszyt do szycia do śledzenia projektów szycia - idealny prezent
dla miłośników szycia

Zeszyt do szycia do śledzenia projektów szycia - idealny prezent
dla miłośników szycia

SZCZEGÓŁY

PROJEKT ....

STWORZONE DLA ....

DATA STARTU .... DATA ZAKOŃCZENIA ....

PUNKT .... ILOŚĆ ....

CENA .... WPŁATA DEPOZYTU .... SALDO ZAPŁACONE ....

UZASADNIENIE ....

POTRZEBNE MATERIAŁY ....

SZKIC / FOTO

UWAGI DODATKOWE

....
....
....
....
....
....
....
....

Dziennik projektu szycia 

Dziennik projektu szycia 

SZCZEGÓŁY

PROJEKT ....

STWORZONE DLA ....

DATA STARTU .... **DATA ZAKOŃCZENIA** ....

PUNKT .... **ILOŚĆ** ....

CENA .... **WPŁATA DEPOZYTU** .... **SALDO ZAPŁACONE** ....

UZASADNIENIE ....

POTRZEBNE MATERIAŁY ....

SZKIC / FOTO

UWAGI DODATKOWE

Zeszyt do szycia do śledzenia projektów szycia - idealny prezent dla miłośników szycia

Zeszyt do szycia do śledzenia projektów szycia - idealny prezent
dla miłośników szycia

SZCZEGÓŁY

PROJEKT ....

STWORZONE DLA ....

DATA STARTU .... DATA ZAKOŃCZENIA ....

PUNKT .... ILOŚĆ ....

CENA .... WPŁATA DEPOZYTU .... SALDO
ZAPŁACONE ....

UZASADNIENIE ....

POTRZEBNE
MATERIAŁY ....

SZKIC / FOTO

UWAGI DODATKOWE

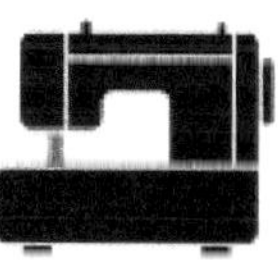

Dziennik projektu szycia

Dziennik projektu szycia 

SZCZEGÓŁY

PROJEKT ....

STWORZONE DLA ....

DATA STARTU .... DATA ZAKOŃCZENIA ....

PUNKT .... ILOŚĆ ....

CENA .... WPŁATA DEPOZYTU .... SALDO ZAPŁACONE ....

UZASADNIENIE ....

POTRZEBNE MATERIAŁY ....

SZKIC / FOTO

UWAGI DODATKOWE

....
....
....
....
....
....
....
....

Zeszyt do szycia do śledzenia projektów szycia - idealny prezent dla miłośników szycia

Zeszyt do szycia do śledzenia projektów szycia - idealny prezent
dla miłośników szycia

SZCZEGÓŁY

PROJEKT ....

STWORZONE DLA ....

DATA STARTU .... DATA ZAKOŃCZENIA ....

PUNKT .... ILOŚĆ ....

CENA .... WPŁATA DEPOZYTU .... SALDO
ZAPŁACONE ....

UZASADNIENIE ....

POTRZEBNE
MATERIAŁY ....

SZKIC / FOTO

UWAGI DODATKOWE

....
....
....
....
....
....
....
....

Dziennik projektu szycia 

Dziennik projektu szycia 

<table>
<tr><td colspan="2" align="center">SZCZEGÓŁY</td></tr>
</table>

PROJEKT ....

STWORZONE DLA ....

DATA STARTU .... **DATA ZAKOŃCZENIA** ....

PUNKT .... **ILOŚĆ** ....

CENA .... **WPŁATA DEPOZYTU** .... **SALDO ZAPŁACONE** ....

UZASADNIENIE ....

POTRZEBNE MATERIAŁY ....

<table>
<tr><td align="center">SZKIC / FOTO</td></tr>
</table>

<table>
<tr><td align="center">UWAGI DODATKOWE</td></tr>
</table>

....
....
....
....
....
....
....

Zeszyt do szycia do śledzenia projektów szycia - idealny prezent dla miłośników szycia

Zeszyt do szycia do śledzenia projektów szycia - idealny prezent
dla miłośników szycia

SZCZEGÓŁY

PROJEKT ....

STWORZONE DLA ....

DATA STARTU .... DATA ZAKOŃCZENIA ....

PUNKT .... ILOŚĆ ....

CENA .... WPŁATA DEPOZYTU .... SALDO
ZAPŁACONE ....

UZASADNIENIE ....

POTRZEBNE
MATERIAŁY ....

SZKIC / FOTO

UWAGI DODATKOWE

....
....
....
....
....
....
....
....

Dziennik projektu szycia

Dziennik projektu szycia 

PROJEKT ....

STWORZONE DLA ....

DATA STARTU .... DATA ZAKOŃCZENIA ....

PUNKT .... ILOŚĆ ....

CENA .... WPŁATA DEPOZYTU .... SALDO ZAPŁACONE ....

UZASADNIENIE ....

POTRZEBNE MATERIAŁY ....

....
....
....
....
....
....
....
....

Zeszyt do szycia do śledzenia projektów szycia - idealny prezent dla miłośników szycia

Zeszyt do szycia do śledzenia projektów szycia - idealny prezent
dla miłośników szycia

SZCZEGÓŁY

PROJEKT ....

STWORZONE DLA ....

DATA STARTU .... **DATA ZAKOŃCZENIA** ....

PUNKT .... **ILOŚĆ** ....

CENA .... **WPŁATA DEPOZYTU** .... **SALDO ZAPŁACONE** ....

UZASADNIENIE ....

POTRZEBNE MATERIAŁY ....

SZKIC / FOTO

UWAGI DODATKOWE

....
....
....
....
....
....
....
....

Dziennik projektu szycia 

Dziennik projektu szycia 

PROJEKT ....

STWORZONE DLA ....

DATA STARTU .... DATA ZAKOŃCZENIA ....

PUNKT... ILOŚĆ ....

CENA .... WPŁATA DEPOZYTU .... SALDO ZAPŁACONE ....

UZASADNIENIE ....

POTRZEBNE MATERIAŁY ....

Zeszyt do szycia do śledzenia projektów szycia - idealny prezent dla miłośników szycia

Zeszyt do szycia do śledzenia projektów szycia - idealny prezent
dla miłośników szycia

SZCZEGÓŁY

PROJEKT ....

STWORZONE DLA ....

DATA STARTU .... DATA ZAKOŃCZENIA ....

PUNKT .... ILOŚĆ ....

CENA .... WPŁATA DEPOZYTU .... SALDO
ZAPŁACONE ....

UZASADNIENIE ....

POTRZEBNE
MATERIAŁY ....

SZKIC / FOTO

UWAGI DODATKOWE

....
....
....
....
....
....
....
....

Dziennik projektu szycia 

Dziennik projektu szycia 

PROJEKT ....

STWORZONE DLA ....

DATA STARTU .... DATA ZAKOŃCZENIA ....

PUNKT .... ILOŚĆ ....

CENA .... WPŁATA DEPOZYTU .... SALDO ZAPŁACONE ....

UZASADNIENIE ....

POTRZEBNE MATERIAŁY ....

....
....
....
....
....
....
....
....

Zeszyt do szycia do śledzenia projektów szycia - idealny prezent dla miłośników szycia

Zeszyt do szycia do śledzenia projektów szycia - idealny prezent dla miłośników szycia

SZCZEGÓŁY

PROJEKT ....

STWORZONE DLA ....

DATA STARTU .... **DATA ZAKOŃCZENIA** ....

PUNKT .... **ILOŚĆ** ....

CENA .... **WPŁATA DEPOZYTU** .... **SALDO ZAPŁACONE** ....

UZASADNIENIE ....

POTRZEBNE MATERIAŁY ....

SZKIC / FOTO

UWAGI DODATKOWE

....
....
....
....
....
....
....
....

Dziennik projektu szycia 

Dziennik projektu szycia 

PROJEKT ....

STWORZONE DLA ....

DATA STARTU .... DATA ZAKOŃCZENIA ....

PUNKT .... ILOŚĆ ....

CENA .... WPŁATA DEPOZYTU .... SALDO ZAPŁACONE ....

UZASADNIENIE ....

POTRZEBNE MATERIAŁY ....

....
....
....
....
....
....
....
....

Zeszyt do szycia do śledzenia projektów szycia - idealny prezent dla miłośników szycia

Zeszyt do szycia do śledzenia projektów szycia - idealny prezent
dla miłośników szycia

SZCZEGÓŁY

PROJEKT ....

STWORZONE DLA ....

DATA STARTU .... **DATA ZAKOŃCZENIA** ....

PUNKT .... **ILOŚĆ** ....

CENA .... **WPŁATA DEPOZYTU** .... **SALDO ZAPŁACONE** ....

UZASADNIENIE ....

POTRZEBNE MATERIAŁY ....

SZKIC / FOTO

UWAGI DODATKOWE

....
....
....
....
....
....
....
....

Dziennik projektu szycia 

Dziennik projektu szycia 

SZCZEGÓŁY

PROJEKT ....

STWORZONE DLA ....

DATA STARTU .... DATA ZAKOŃCZENIA ....

PUNKT .... ILOŚĆ ....

CENA .... WPŁATA DEPOZYTU .... SALDO ZAPŁACONE ....

UZASADNIENIE ....

POTRZEBNE MATERIAŁY ....

SZKIC / FOTO

UWAGI DODATKOWE

....

....

....

....

....

....

....

Zeszyt do szycia do śledzenia projektów szycia - idealny prezent dla miłośników szycia

Zeszyt do szycia do śledzenia projektów szycia - idealny prezent dla miłośników szycia

SZCZEGÓŁY

PROJEKT ....

STWORZONE DLA ....

DATA STARTU .... DATA ZAKOŃCZENIA ....

PUNKT .... ILOŚĆ ....

CENA .... WPŁATA DEPOZYTU .... SALDO ZAPŁACONE ....

UZASADNIENIE ....

POTRZEBNE MATERIAŁY ....

SZKIC / FOTO

UWAGI DODATKOWE

....
....
....
....
....
....
....
....

Dziennik projektu szycia

Dziennik projektu szycia 

SZCZEGÓŁY

PROJEKT ....

STWORZONE DLA ....

DATA STARTU .... DATA ZAKOŃCZENIA ....

PUNKT .... ILOŚĆ ....

CENA .... WPŁATA DEPOZYTU .... SALDO ZAPŁACONE ....

UZASADNIENIE ....

POTRZEBNE MATERIAŁY ....

SZKIC / FOTO

UWAGI DODATKOWE

....
....
....
....
....
....
....
....

Zeszyt do szycia do śledzenia projektów szycia - idealny prezent dla miłośników szycia

Zeszyt do szycia do śledzenia projektów szycia - idealny prezent dla miłośników szycia

SZCZEGÓŁY

PROJEKT ....

STWORZONE DLA ....

DATA STARTU .... DATA ZAKOŃCZENIA ....

PUNKT .... ILOŚĆ ....

CENA .... WPŁATA DEPOZYTU .... SALDO ZAPŁACONE ....

UZASADNIENIE ....

POTRZEBNE MATERIAŁY ....

SZKIC / FOTO

UWAGI DODATKOWE

Dziennik projektu szycia

Dziennik projektu szycia 

SZCZEGÓŁY

PROJEKT ....

STWORZONE DLA ....

DATA STARTU .... DATA ZAKOŃCZENIA ....

PUNKT .... ILOŚĆ ....

CENA .... WPŁATA DEPOZYTU .... SALDO ZAPŁACONE ....

UZASADNIENIE ....

POTRZEBNE MATERIAŁY ....

SZKIC / FOTO

UWAGI DODATKOWE

....
....
....
....
....
....
....
....

Zeszyt do szycia do śledzenia projektów szycia - idealny prezent dla miłośników szycia

SZCZEGÓŁY

PROJEKT ....

STWORZONE DLA ....

DATA STARTU .... DATA ZAKOŃCZENIA ....

PUNKT .... ILOŚĆ ....

CENA .... WPŁATA DEPOZYTU .... SALDO
ZAPŁACONE ....

UZASADNIENIE ....

POTRZEBNE
MATERIAŁY ....

SZKIC / FOTO

UWAGI DODATKOWE

Dziennik projektu szycia

Dziennik projektu szycia

SZCZEGÓŁY

PROJEKT ....

STWORZONE DLA ....

DATA STARTU .... **DATA ZAKOŃCZENIA** ....

PUNKT .... **ILOŚĆ** ....

CENA .... **WPŁATA DEPOZYTU** .... **SALDO ZAPŁACONE** ....

UZASADNIENIE ....

POTRZEBNE MATERIAŁY ....

SZKIC / FOTO

UWAGI DODATKOWE

....
....
....
....
....
....
....

Zeszyt do szycia do śledzenia projektów szycia - idealny prezent
dla miłośników szycia

Zeszyt do szycia do śledzenia projektów szycia - idealny prezent dla miłośników szycia

SZCZEGÓŁY

PROJEKT ....

STWORZONE DLA ....

DATA STARTU .... DATA ZAKOŃCZENIA ....

PUNKT .... ILOŚĆ ....

CENA .... WPŁATA DEPOZYTU .... SALDO ZAPŁACONE ....

UZASADNIENIE ....

POTRZEBNE MATERIAŁY ....

SZKIC / FOTO

UWAGI DODATKOWE

Dziennik projektu szycia

Dziennik projektu szycia 

PROJEKT ....

STWORZONE DLA ....

DATA STARTU .... **DATA ZAKOŃCZENIA** ....

PUNKT .... **ILOŚĆ** ....

CENA .... **WPŁATA DEPOZYTU** .... **SALDO ZAPŁACONE** ....

UZASADNIENIE ....

POTRZEBNE MATERIAŁY ....

....

....

....

....

....

....

Zeszyt do szycia do śledzenia projektów szycia - idealny prezent dla miłośników szycia

Zeszyt do szycia do śledzenia projektów szycia - idealny prezent
dla miłośników szycia

SZCZEGÓŁY

PROJEKT ....

STWORZONE DLA ....

DATA STARTU .... DATA ZAKOŃCZENIA ....

PUNKT .... ILOŚĆ ....

CENA .... WPŁATA DEPOZYTU .... SALDO ZAPŁACONE ....

UZASADNIENIE ....

POTRZEBNE MATERIAŁY ....

SZKIC / FOTO

UWAGI DODATKOWE

....
....
....
....
....
....
....
....

Dziennik projektu szycia 

Dziennik projektu szycia 

PROJEKT ....

STWORZONE DLA ....

DATA STARTU .... **DATA ZAKOŃCZENIA** ....

PUNKT .... **ILOŚĆ** ....

CENA .... **WPŁATA DEPOZYTU** .... **SALDO ZAPŁACONE** ....

UZASADNIENIE ....

POTRZEBNE MATERIAŁY ....

Zeszyt do szycia do śledzenia projektów szycia - idealny prezent dla miłośników szycia

Zeszyt do szycia do śledzenia projektów szycia - idealny prezent
dla miłośników szycia

SZCZEGÓŁY

PROJEKT ....

STWORZONE DLA ....

DATA STARTU .... **DATA ZAKOŃCZENIA** ....

PUNKT .... **ILOŚĆ** ....

CENA .... **WPŁATA DEPOZYTU** .... **SALDO ZAPŁACONE** ....

UZASADNIENIE ....

POTRZEBNE MATERIAŁY ....

SZKIC / FOTO

UWAGI DODATKOWE

....
....
....
....
....
....
....
....

Dziennik projektu szycia 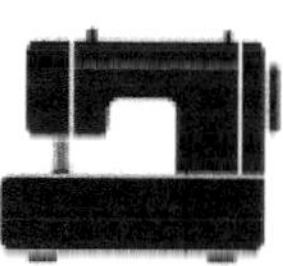

Dziennik projektu szycia 

PROJEKT ....

STWORZONE DLA ....

DATA STARTU .... **DATA ZAKOŃCZENIA** ....

PUNKT .... **ILOŚĆ** ....

CENA .... **WPŁATA DEPOZYTU** .... **SALDO ZAPŁACONE** ....

UZASADNIENIE ....

POTRZEBNE MATERIAŁY ....

Zeszyt do szycia do śledzenia projektów szycia - idealny prezent dla miłośników szycia

Zeszyt do szycia do śledzenia projektów szycia - idealny prezent
dla miłośników szycia

SZCZEGÓŁY

PROJEKT ....

STWORZONE DLA ....

DATA STARTU .... DATA ZAKOŃCZENIA ....

PUNKT .... ILOŚĆ ....

CENA .... WPŁATA DEPOZYTU .... SALDO ZAPŁACONE ....

UZASADNIENIE ....

POTRZEBNE MATERIAŁY ....

SZKIC / FOTO

UWAGI DODATKOWE

Dziennik projektu szycia

Dziennik projektu szycia 

SZCZEGÓŁY

PROJEKT ....

STWORZONE DLA ....

DATA STARTU .... **DATA ZAKOŃCZENIA** ....

PUNKT .... **ILOŚĆ** ....

CENA .... **WPŁATA DEPOZYTU** .... **SALDO ZAPŁACONE** ....

UZASADNIENIE ....

POTRZEBNE MATERIAŁY ....

SZKIC / FOTO

UWAGI DODATKOWE

Zeszyt do szycia do śledzenia projektów szycia - idealny prezent dla miłośników szycia

Zeszyt do szycia do śledzenia projektów szycia - idealny prezent
dla miłośników szycia

SZCZEGÓŁY

PROJEKT ....

STWORZONE DLA ....

DATA STARTU .... **DATA ZAKOŃCZENIA** ....

PUNKT .... **ILOŚĆ** ....

CENA .... **WPŁATA DEPOZYTU** .... **SALDO ZAPŁACONE** ....

UZASADNIENIE ....

POTRZEBNE MATERIAŁY ....

SZKIC / FOTO

UWAGI DODATKOWE

....
....
....
....
....
....
....
....

Dziennik projektu szycia 

Dziennik projektu szycia 

SZCZEGÓŁY

PROJEKT ....

STWORZONE DLA ....

DATA STARTU ....   DATA ZAKOŃCZENIA ....

PUNKT ....   ILOŚĆ ....

CENA ....   WPŁATA DEPOZYTU ....   SALDO ZAPŁACONE ....

UZASADNIENIE ....

POTRZEBNE MATERIAŁY ....

SZKIC / FOTO

UWAGI DODATKOWE

....
....
....
....
....
....
....

Zeszyt do szycia do śledzenia projektów szycia - idealny prezent
dla miłośników szycia

Zeszyt do szycia do śledzenia projektów szycia - idealny prezent
dla miłośników szycia

SZCZEGÓŁY

PROJEKT ....

STWORZONE DLA ....

DATA STARTU .... DATA ZAKOŃCZENIA ....

PUNKT .... ILOŚĆ ....

CENA .... WPŁATA DEPOZYTU .... SALDO
                                                        ZAPŁACONE ....

UZASADNIENIE ....

POTRZEBNE
MATERIAŁY ....

SZKIC / FOTO

UWAGI DODATKOWE

....
....
....
....
....
....
....
....

Dziennik projektu szycia 

Dziennik projektu szycia

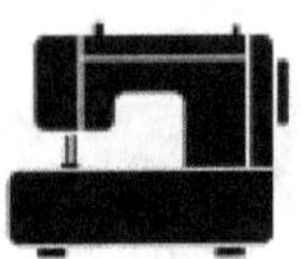

SZCZEGÓŁY

PROJEKT ....

STWORZONE DLA ....

DATA STARTU .... **DATA ZAKOŃCZENIA** ....

PUNKT .... **ILOŚĆ** ....

CENA .... **WPŁATA DEPOZYTU** .... **SALDO ZAPŁACONE** ....

UZASADNIENIE ....

POTRZEBNE MATERIAŁY ....

SZKIC / FOTO

UWAGI DODATKOWE

Zeszyt do szycia do śledzenia projektów szycia - idealny prezent dla miłośników szycia

Zeszyt do szycia do śledzenia projektów szycia - idealny prezent dla miłośników szycia

SZCZEGÓŁY

PROJEKT ....

STWORZONE DLA ....

DATA STARTU .... DATA ZAKOŃCZENIA ....

PUNKT .... ILOŚĆ ....

CENA .... WPŁATA DEPOZYTU .... SALDO ZAPŁACONE ....

UZASADNIENIE ....

POTRZEBNE MATERIAŁY ....

SZKIC / FOTO

UWAGI DODATKOWE

Dziennik projektu szycia

Dziennik projektu szycia 

SZCZEGÓŁY

PROJEKT ....

STWORZONE DLA ....

DATA STARTU .... **DATA ZAKOŃCZENIA** ....

PUNKT .... **ILOŚĆ** ....

CENA .... **WPŁATA DEPOZYTU** .... **SALDO ZAPŁACONE** ....

UZASADNIENIE ....

POTRZEBNE MATERIAŁY ....

SZKIC / FOTO

UWAGI DODATKOWE

....
....
....
....
....
....
....
....

Zeszyt do szycia do śledzenia projektów szycia - idealny prezent dla miłośników szycia

SZCZEGÓŁY

PROJEKT ....

STWORZONE DLA ....

DATA STARTU .... **DATA ZAKOŃCZENIA** ....

PUNKT .... **ILOŚĆ** ....

CENA .... **WPŁATA DEPOZYTU** .... **SALDO ZAPŁACONE** ....

UZASADNIENIE ....

POTRZEBNE MATERIAŁY ....

SZKIC / FOTO

UWAGI DODATKOWE

....
....
....
....
....
....
....
....

Dziennik projektu szycia 

Dziennik projektu szycia 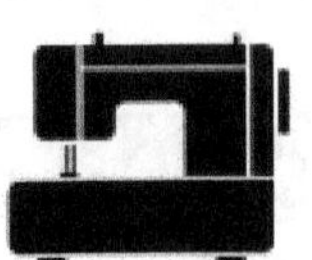

PROJEKT ....

STWORZONE DLA ....

DATA STARTU .... **DATA ZAKOŃCZENIA** ....

PUNKT .... **ILOŚĆ** ....

CENA .... **WPŁATA DEPOZYTU** .... **SALDO ZAPŁACONE** ....

UZASADNIENIE ....

POTRZEBNE MATERIAŁY ....

....
....
....
....
....
....
....

Zeszyt do szycia do śledzenia projektów szycia - idealny prezent
dla miłośników szycia

Zeszyt do szycia do śledzenia projektów szycia - idealny prezent
dla miłośników szycia

SZCZEGÓŁY

PROJEKT ....

STWORZONE DLA ....

DATA STARTU .... DATA ZAKOŃCZENIA ....

PUNKT.. ILOŚĆ ....

CENA .... WPŁATA DEPOZYTU .... SALDO
ZAPŁACONE ....

UZASADNIENIE ....

POTRZEBNE
MATERIAŁY ....

SZKIC / FOTO

UWAGI DODATKOWE

Dziennik projektu szycia 

Dziennik projektu szycia

SZCZEGÓŁY

PROJEKT ....

STWORZONE DLA ....

DATA STARTU .... DATA ZAKOŃCZENIA ....

PUNKT .... ILOŚĆ ....

CENA .... WPŁATA DEPOZYTU .... SALDO ZAPŁACONE ....

UZASADNIENIE ....

POTRZEBNE MATERIAŁY ....

SZKIC / FOTO

UWAGI DODATKOWE

Zeszyt do szycia do śledzenia projektów szycia - idealny prezent
dla miłośników szycia

Zeszyt do szycia do śledzenia projektów szycia - idealny prezent
dla miłośników szycia

SZCZEGÓŁY

PROJEKT ....

STWORZONE DLA ....

DATA STARTU .... **DATA ZAKOŃCZENIA** ....

PUNKT .... **ILOŚĆ** ....

CENA .... **WPŁATA DEPOZYTU** .... **SALDO ZAPŁACONE** ....

UZASADNIENIE ....

POTRZEBNE MATERIAŁY ....

SZKIC / FOTO

UWAGI DODATKOWE

Dziennik projektu szycia 

Dziennik projektu szycia 

SZCZEGÓŁY

PROJEKT ....

STWORZONE DLA ....

DATA STARTU .... **DATA ZAKOŃCZENIA** ....

PUNKT .... **ILOŚĆ** ....

CENA .... **WPŁATA DEPOZYTU** .... **SALDO ZAPŁACONE** ....

UZASADNIENIE ....

POTRZEBNE MATERIAŁY ....

SZKIC / FOTO

UWAGI DODATKOWE

Zeszyt do szycia do śledzenia projektów szycia - idealny prezent dla miłośników szycia

Zeszyt do szycia do śledzenia projektów szycia - idealny prezent
dla miłośników szycia

SZCZEGÓŁY

PROJEKT ....

STWORZONE DLA ....

DATA STARTU .... **DATA ZAKOŃCZENIA** ....

PUNKT .... **ILOŚĆ** ....

CENA .... **WPŁATA DEPOZYTU** .... **SALDO ZAPŁACONE** ....

UZASADNIENIE ....

POTRZEBNE MATERIAŁY ....

SZKIC / FOTO

UWAGI DODATKOWE

....
....
....
....
....
....
....
....

Dziennik projektu szycia 

Dziennik projektu szycia 

SZCZEGÓŁY

PROJEKT ....

STWORZONE DLA ....

DATA STARTU .... DATA ZAKOŃCZENIA ....

PUNKT .... ILOŚĆ ....

CENA .... WPŁATA DEPOZYTU .... SALDO ZAPŁACONE ....

UZASADNIENIE ....

POTRZEBNE MATERIAŁY ....

SZKIC / FOTO

UWAGI DODATKOWE

Zeszyt do szycia do śledzenia projektów szycia - idealny prezent
dla miłośników szycia

Zeszyt do szycia do śledzenia projektów szycia - idealny prezent dla miłośników szycia

SZCZEGÓŁY

PROJEKT ....

STWORZONE DLA ....

DATA STARTU .... DATA ZAKOŃCZENIA ....

PUNKT .... ILOŚĆ ....

CENA .... WPŁATA DEPOZYTU .... SALDO ZAPŁACONE ....

UZASADNIENIE ....

POTRZEBNE MATERIAŁY ....

SZKIC / FOTO

UWAGI DODATKOWE

....
....
....
....
....
....
....
....

Dziennik projektu szycia 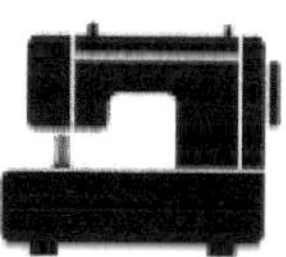

Dziennik projektu szycia 

SZCZEGÓŁY

PROJEKT ....

STWORZONE DLA ....

DATA STARTU .... **DATA ZAKOŃCZENIA** ....

PUNKT .... **ILOŚĆ** ....

CENA .... **WPŁATA DEPOZYTU** .... **SALDO ZAPŁACONE** ....

UZASADNIENIE ....

POTRZEBNE MATERIAŁY ....

SZKIC / FOTO

UWAGI DODATKOWE

Zeszyt do szycia do śledzenia projektów szycia - idealny prezent dla miłośników szycia

Zeszyt do szycia do śledzenia projektów szycia - idealny prezent
dla miłośników szycia

SZCZEGÓŁY

PROJEKT ....

STWORZONE DLA ....

DATA STARTU .... DATA ZAKOŃCZENIA ....

PUNKT .... ILOŚĆ ....

CENA .... WPŁATA DEPOZYTU .... SALDO ZAPŁACONE ....

UZASADNIENIE ....

POTRZEBNE MATERIAŁY ....

SZKIC / FOTO

UWAGI DODATKOWE

Dziennik projektu szycia 

Dziennik projektu szycia 

SZCZEGÓŁY

PROJEKT ....

STWORZONE DLA ....

DATA STARTU .... **DATA ZAKOŃCZENIA** ....

PUNKT .... **ILOŚĆ** ....

CENA .... **WPŁATA DEPOZYTU** .... **SALDO ZAPŁACONE** ....

UZASADNIENIE ....

POTRZEBNE MATERIAŁY ....

SZKIC / FOTO

UWAGI DODATKOWE

....
....
....
....
....
....
....
....

Zeszyt do szycia do śledzenia projektów szycia - idealny prezent dla miłośników szycia

Zeszyt do szycia do śledzenia projektów szycia - idealny prezent
dla miłośników szycia

SZCZEGÓŁY

PROJEKT ....

STWORZONE DLA ....

DATA STARTU .... DATA ZAKOŃCZENIA ....

PUNKT .... ILOŚĆ ....

CENA .... WPŁATA DEPOZYTU .... SALDO
ZAPŁACONE ....

UZASADNIENIE ....

POTRZEBNE
MATERIAŁY ....

SZKIC / FOTO

UWAGI DODATKOWE

....
....
....
....
....
....
....
....

Dziennik projektu szycia 

Dziennik projektu szycia 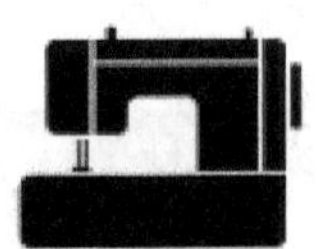

SZCZEGÓŁY

PROJEKT ....

STWORZONE DLA ....

DATA STARTU .... DATA ZAKOŃCZENIA ....

PUNKT .... ILOŚĆ ....

CENA .... WPŁATA DEPOZYTU .... SALDO ZAPŁACONE ....

UZASADNIENIE ....

POTRZEBNE MATERIAŁY ....

SZKIC / FOTO

UWAGI DODATKOWE

....
....
....
....
....
....
....
....

Zeszyt do szycia do śledzenia projektów szycia - idealny prezent dla miłośników szycia

Zeszyt do szycia do śledzenia projektów szycia - idealny prezent
dla miłośników szycia

SZCZEGÓŁY

PROJEKT ....

STWORZONE DLA ....

DATA STARTU .... DATA ZAKOŃCZENIA ....

PUNKT .... ILOŚĆ ....

CENA .... WPŁATA DEPOZYTU .... SALDO ZAPŁACONE ....

UZASADNIENIE ....

POTRZEBNE
MATERIAŁY ....

SZKIC / FOTO

UWAGI DODATKOWE

....
....
....
....
....
....
....
....

Dziennik projektu szycia 

Dziennik projektu szycia 

Zeszyt do szycia do śledzenia projektów szycia - idealny prezent dla miłośników szycia

Zeszyt do szycia do śledzenia projektów szycia - idealny prezent
dla miłośników szycia

SZCZEGÓŁY

PROJEKT ....

STWORZONE DLA ....

DATA STARTU .... **DATA ZAKOŃCZENIA** ....

PUNKT .... **ILOŚĆ** ....

CENA .... **WPŁATA DEPOZYTU** .... **SALDO ZAPŁACONE** ....

UZASADNIENIE ....

POTRZEBNE MATERIAŁY ....

SZKIC / FOTO

UWAGI DODATKOWE

Dziennik projektu szycia

Dziennik projektu szycia 

SZCZEGÓŁY

PROJEKT ....

STWORZONE DLA ....

DATA STARTU .... **DATA ZAKOŃCZENIA** ....

PUNKT .... **ILOŚĆ** ....

CENA .... **WPŁATA DEPOZYTU** .... **SALDO ZAPŁACONE** ....

UZASADNIENIE ....

POTRZEBNE MATERIAŁY ....

SZKIC / FOTO

UWAGI DODATKOWE

....
....
....
....
....
....
....

Zeszyt do szycia do śledzenia projektów szycia - idealny prezent dla miłośników szycia

Zeszyt do szycia do śledzenia projektów szycia - idealny prezent
dla miłośników szycia

SZCZEGÓŁY

PROJEKT ....

STWORZONE DLA ....

DATA STARTU .... DATA ZAKOŃCZENIA ....

PUNKT .... ILOŚĆ ....

CENA .... WPŁATA DEPOZYTU .... SALDO
ZAPŁACONE ....

UZASADNIENIE ....

POTRZEBNE
MATERIAŁY ....

SZKIC / FOTO

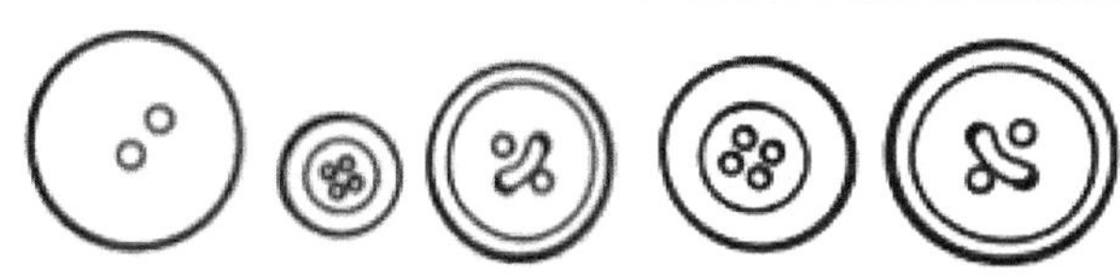

UWAGI DODATKOWE

....
....
....
....
....
....
....
....

Dziennik projektu szycia